Lh 5.
253.

RELATION

DE L'ATTAQUE ET DE LA DÉFENSE

DE

MOSTAGANEM ET DE MAZAGRAN

EN 1840.

RELATION

DE L'ATTAQUE ET DE LA DÉFENSE

DE

MOSTAGANEM ET DE MAZAGRAN

AU MOIS DE FÉVRIER 1840;

Par M. ABINAL,

Capitaine du Génie.

Publiée avec l'autorisation de M. le Maréchal Ministre de la guerre.

PARIS,

IMPRIMERIE ET LIBRAIRIE MILITAIRE DE G.-LAGUIONIE ET J. DUMAINE,

(MAISON ANSELIN)

Rue et Passage Dauphine, 36.

1843

AVERTISSEMENT DE L'AUTEUR.

Il y a quelque temps, les journaux anglais ont publié que l'attaque et la défense de Mostaganem et de Mazagran, au mois de février 1840, n'étaient qu'un mensonge. Chef du génie de l'arrondissement de ces deux places, pendant cette période mémorable, j'avais conservé sur ces événements des notes et des dessins qui m'ont permis de rédiger à la hâte le récit qu'on va lire. Ce récit, comparé avec les documents officiels des bureaux de la guerre a rencontré partout une approbation unanime : j'ose espérer qu'il éclairera suffisamment le lecteur pour lui permettre de renvoyer sciemment l'accusation de mensonge à ceux qui la méritent.

RELATION

DE

L'ATTAQUE ET DE LA DÉFENSE

DE

MOSTAGANEM ET DE MAZAGRAN,

AU MOIS DE FÉVRIER 1840.

L'expédition des Bibans était terminée ; cette reconnaissance avait porté les armes françaises sur des points réputés infranchissables. L'Afrique entière s'en émut ; le passage de nos troupes provoqua partout des cris de guerre, et laissa derrière lui comme une longue traînée de poudre qui devait encore embraser l'Algérie. Abd-el-Kader, entraîné par la violence et le fanatisme des chefs arabes, qui demandaient la guerre, s'empressa de déclarer tous les traités rompus. Bientôt, des rumeurs menaçantes grondèrent sur tous les points du littoral que nous occupions. Nos marchés devinrent déserts; le commerce avec les chrétiens fut interdit aux Arabes; les marabouts les appelaient de toutes parts à la guerre sainte ; enfin les Oukils (consuls) de l'émir furent rappelés, tandis que notre résident à Mascara rentrait à Oran.

Ces événements se passaient au commencement de novembre 1839. A cette époque, le lieutenant général Guéhéneuc, commandant supérieur de la province d'Oran, arriva à Mostaganem, amenant avec lui une forte compagnie du 1ᵉʳ bataillon d'infanterie légère d'Afrique, pour renforcer la garnison de cette place.

La ville de Mostaganem, assise au bord de la mer, non loin de l'embouchure du Chéliff, dans un pays riche, fertile et peuplé, possède une importance commerciale et stratégique incontestable; elle voit affluer sur ses marchés tous les produits des vallées du Chéliff, de l'Habra, de l'Illill, de la Mina. Les populations de ces contrées la regardent comme leur métropole, et y concentrent toutes leurs relations et leur commerce avec le littoral : elle rayonnait à la fois sur Tekdempt et Mascara, et menaçait ces deux capitales de l'empire de l'émir par des communications faciles et les plus courtes. Ce dernier avantage en faisait la base naturelle de nos mouvements offensifs dans la province d'Oran. Sa position forte, sur un rocher inabordable, y avait attiré, ou retenu, une population indigène considérable, et dévouée à notre cause ; enfin les ruines de Mazagran (1), situées dans sa banlieue (à 3,800 mètres), servaient de refuge à une centaine de familles de Hadards ou Douairs,

(1) Cette ville fut célèbre à l'époque des guerres soutenues par les Espagnols dans la province d'Oran. Le comte d'Alcaudète, en 1558, après avoir échoué dans plusieurs assauts contre Mostaganem, fut défait et tué par les Maures auprès de Mazagran ; son armée y fut entièrement détruite.

auxquelles l'émir fit intimer l'ordre de renoncer à notre protection. Quelques-uns obéirent ; ceux qui nous restèrent fidèles essuyèrent les menaces les plus terribles. Dans leur effroi, ils implorèrent notre appui ; et le général Guéhéneuc, pour les rassurer, se détermina à faire établir un poste français au milieu d'eux.

Mazagran est séparé de Mostaganem par une chaîne de collines hérissées de rochers, mais peu élevées ; leur crête règne de l'est à l'ouest parallèlement à la mer, et sert de limite à un vaste plateau qui se déroule en ondulant vers le sud, richement parsemé d'arbres, de maisons ruinées, et des cultures les plus variées ; aux pentes de ces collines, qui tombent uniformément vers le nord, succède une belle plaine d'une lieue de largeur, s'étendant jusqu'à la mer, et reproduisant la riche végétation qui couvre le plateau supérieur. C'est entre ces deux oasis, et sur les flancs de la colline, que gisent les ruines de Mazagran, ville de forme presque carrée, entourée de murailles, dans lesquelles les restes d'un vieux pisé attestent l'œuvre et le génie des Maures du 15e siècle. Autrefois florissante, elle renfermait dix mille habitants avant l'invasion française ; en 1839, elle abritait à peine trois cents individus.

Son enceinte existait encore sur tout le pourtour, mais elle avait de nombreuses brèches ; les masses de l'ancien pisé étaient rares, et se trouvaient reliées entre elles par des murs modernes, faits en terre et moellons entassés pêle-mêle, sans art et sans solidité. La face de l'ouest, la plus exposée aux attaques, s'écroulait de toutes parts, et avait à peine trois mètres de hauteur et cinquante centimètres d'épaisseur.

La défense de la cité entière eût exigé un fort bataillon : on ne pouvait y laisser que cent vingt soldats ; en conséquence, on s'arrêta à l'occupation de la partie de la position qui commandait tout le reste, et à l'établissement d'un poste qui dominait à la fois le plateau supérieur et la ville.

La vieille enceinte suivait du côté du sud la crête de la colline, en ligne droite, et battait par des feux plongeants tout le plateau supérieur.

A son angle sud-est, il existait une maison carrée en ruines, adossée à la muraille défensive qui la fermait sur deux faces; les deux autres faces, formées par un mur en terre très délabré, étaient isolées de toutes les masures voisines. Au milieu de la cour de cette maison, on reconnaissait un puits comblé (*ressource précieuse qui devait plus tard sauver la garnison*). Il fut décidé que cette maison serait réparée, fermée, crénelée, pour devenir le réduit du poste; qu'elle abriterait les magasins, les approvisionnements de la garnison, et qu'elle fournirait les logements de l'état-major.

A proximité, s'élevait une mosquée dont les murailles offraient une épaisseur et une hauteur respectables ; mais sa terrasse tombait de vétusté. Cette mosquée, bien close à l'extérieur, dut être reliée par un mur avec le réduit, et servir de caserne à la garnison. Sa terrasse dut être rétablie et surmontée d'un parapet crénelé, pour la fusillade.

L'angle sud-ouest de la vieille enceinte s'arrêtait brusquement à une masse du vieux pisé maure, et sur un rocher qui plongeait, à l'ouest, sur les versants des collines et sur les ruines d'un vaste faubourg; un double redan avec machicoulis dut occuper ce saillant, et se rattacher à la mosquée par un mur brisé, suivant les crêtes de l'escarpement.

Enfin du côté du sud, le front de la vieille enceinte de la ville devint l'enceinte du poste projeté. Ce front se faisait remarquer par la hauteur de son escarpe et son apparence de solidité; il dominait tout le terrain environnant; et sur le milieu de son développement, le temps et les dévastations des guerres antérieures avaient respecté un corps de garde couvrant une issue sur le plateau supérieur: ce débouché était important à conserver; il fut renforcé par une double porte en bois; le corps de garde réparé et crénelé, fut couronné d'un parapet en maçonnerie.

D'après ces bases, le fort de Mazagran formait un carré long assez étroit, présentant 100 mètres de longueur et 20 mètres de largeur moyenne. Il était composé de trois postes fermés : le réduit, la mosquée et le corps de garde de la porte sud. Ces postes isolés entre eux et reliés par l'enceinte défensive dont ils faisaient partie, possédaient partout des flanquements soit directs, soit au moyen de machicoulis.

La ville restait au pied du fort et devait en être séparée par le déblai des ruines qui l'y rattachaient.

Telles furent les dispositions adoptées le 6 novembre, par M. le commandant Bizot-Brice, chef du génie à Oran, de concert avec le chef du génie de Mostaganem; leur exécution fut confiée aux 120 hommes de la 10ᵉ compagnie du 1ᵉʳ bataillon d'infanterie légère d'Afrique. Ces braves gens manquaient de tout, hormis de courage, d'ardeur et de bonne volonté. A peine trouva-t-on parmi eux trois ou quatre ouvriers d'art ; mais au premier appel, de nombreux volontaires se présentèrent : les officiers du génie, prenant le marteau et la truelle leur montrèrent comment on devait tailler la pierre et l'établir sur un mur en construction. Il surgit soudain parmi eux des ouvriers et des artistes en tout genre ; des corporations s'organisèrent, jalouses de se surpasser mutuellement : on n'avait ni chaux ni sable pour les maçonneries; bientôt, des chaufourniers improvisés confectionnèrent une chaux excellente, et des carriers novices trouvèrent une terre qui pouvait remplacer le sable. Les bois manquaient pour un vaste développement de terrasses qu'on devait construire ; des solives informes, déterrées du milieu des ruines, nous servirent de poutres, en même temps des caravanes armées allèrent, à des distances considérables, faire une ample moisson de roseaux qui furent artistement tressés en planchers. Chaque industrie eut ses enthousiastes. Abd-el-Kader avait fait annoncer qu'il viendrait lui-même RASER *nos travaux et travailleurs;* on avait à cœur de répondre dignement à cette menace, aussi, à chaque nouveau besoin, à chaque difficulté, on opposait toujours un heureux expédient pour les faire cesser ou les vaincre. Après huit jours d'essais, rien ne fut au-dessus des efforts, de l'adresse de ces hommes intrépides; et le poste dessina ses bases et ses contours comme par enchantement.

Néanmoins, la totalité des travaux était immense relativement aux moyens d'exécution ; plusieurs mois n'auraient pas suffi pour une pareille entreprise, il fut à peine accordé deux semaines: on se mit à l'œuvre le 6 novembre, et la reprise des hostilités nous fut dénoncée le 15 novembre. Cet événement fit renoncer à tout édifier à la fois. On dut chercher à créer des points solides à la défense, et l'on s'attacha à l'organisation des trois postes fermés, dans lesquels on pouvait toujours soutenir les attaques de l'ennemi. Le petit nombre de travailleurs que la construction de ces postes laissait disponibles, fut porté sur l'enceinte extérieure et principalement sur le saillant de l'ouest, où notre canon trouvait une position avantageuse. L'imminence d'une attaque exaspéra le zèle de nos soldats: le jour ne suffisait pas à leur ardeur, la nuit même ne pouvait les arracher à leurs ateliers.

Les Français n'ont pas d'égaux en Europe pour

les travaux de guerre, lorsque leur ardeur est bien dirigée et entretenue. Voyez-les en action : de toutes leurs facultés ils dévorent leur tâche jusqu'à ce qu'elle soit accomplie. Là, comme au combat, tout leur est possible et facile. Chez aucun peuple, jamais autant d'intelligence ne se trouve unie à autant d'activité. Les monuments sans nombre que notre armée a élevés et continue chaque jour à élever en Afrique, souvent sans ressources ni moyens aucuns, tiennent du prodige.

Déjà le 13 décembre, le réduit était complétement fermé et susceptible d'une bonne défense ; la mosquée, le corps de garde de la porte sud avaient reçu de notables améliorations, et rien n'avait encore troublé l'émulation générale. Tout à coup la sentinelle annonce l'ennemi ; le plateau supérieur se couvre d'une nombreuse cavalerie, et des colonnes d'infanterie se dirigent vers les murailles de Mazagran ; les brèches de l'enceinte de la ville avaient été relevées à la hâte ; les Hadards se retranchent aux points les plus faibles ; le lieutenant Magnien, qui commandait le poste, les fait soutenir par un détachement de soldats français, et s'établit avec le reste de la garnison dans le réduit et dans l'enceinte ébauchée du fort. Les fantassins arabes pénétrèrent jusqu'au pied du mur défensif : ils y furent attendus avec sang froid et à bout portant ; plusieurs d'entre eux y périrent, le reste se retira sans avoir pu forcer ce faible obstacle.

Pendant cette attaque, la cavalerie ennemie se

porta vers Mostaganem afin d'en contenir la garnison. Le commandant supérieur courut au devant de cette attaque imprévue pour la reconnaître, et y dirigea les premières troupes qu'il trouva sous sa main ; ces troupes étaient la milice turque de Mostaganem, 120 hommes d'élite du 15ᵉ léger et 200 chevaux français ou douairs.

La milice turque conduite par Hadji-Hamet, s'abandonna à une impétuosité aveugle en voyant l'ennemi ; sans écouter la voix du chef et sans calculer le nombre, elle se précipite tête baissée au milieu des cavaliers arabes, et y fait une profonde trouée : la haine instinctive des deux races se manifesta soudain par un duel acharné entre les anciens oppresseurs et les anciens opprimés ; ceux-ci rugissant de férocité, d'aversion et de rage contre des musulmans alliés des chrétiens ; ceux-là dominés par le sentiment de leur supériorité morale, qu'ils étaient jaloux d'établir à nos yeux. Les Turcs, assaillis de tous côtés par des masses sont bientôt entourés, serrés de près ; leur énergie se retrempe dans le danger, leurs efforts redoublent ; pour les dégager, le commandant supérieur fait avancer une partie de sa réserve du 15ᵉ léger : cette infanterie est sabrée au moment où elle se déployait devant des forces supérieures, et notre cavalerie dut mettre le sabre à la main pour la recueillir. Pendant ce temps les Turcs luttent avec courage contre le nombre, ils se font jour à travers d'épaisses nuées de cavaliers et pénètrent jusqu'à Mazagran ; mais une fraction d'entre eux, à la tête de laquelle combattait Hadji-Hamet, est accablée et forcée de se retrancher dans une masure, où elle soutint un combat désespéré ; chacun de ces braves y épuisa ses cartouches, et tomba à son poste. Les Arabes s'empressèrent de porter en triomphe leurs têtes à Mascara, renonçant à s'emparer de Mazagran où tous leurs efforts avaient échoué.

Le lendemain, les habitants de Mostaganem ramassèrent (1) sur le champ de bataille, trente-deux cadavres décapités ; c'étaient les chefs les plus braves de nos miliciens indigènes, Hadji-Hamet, son fils, Ben-Aouda. Ben-Coadji, etc. Leur perte fit un vide irréparable parmi la population musulmane, et la plongea dans la stupeur et la désolation.

Les Arabes survenus comme un orage, s'écoulèrent de même le lendemain. Le califa Ben-Thami avait amené dans cette expédition environ 3,000 cavaliers et 1500 fantassins ; en se retirant, il fit annoncer par des déserteurs une nouvelle attaque prochaine à laquelle devait concourir tout le *goum* (2)

(1) On ramassa aussi sur le champ de bataille des barils de poudre vides, portant une adresse anglaise, avec le mot *London* en souscription. Ce témoignage accusateur contre l'Angleterre, avait été jeté par l'ennemi, au milieu des cadavres mutilés de nos soldats ; il produisit sur nous une impression cruelle, en nous persuadant que les instigations et les subsides britanniques avaient provoqué la guerre dont nous supportions les premiers coups.

(2) Toute la population en état de porter les armes.

de la province. Cette menace effraya les Hadards dont l'énergie avait mérité des éloges dans la défense de leur ville ; ils abandonnèrent Mazagran et cherchèrent un refuge dans Mostaganem, tandis que nos braves du bataillon d'Afrique redoublèrent d'ardeur pour activer les travaux de défense.

La journée du 13 décembre démasqua les projets de l'émir ; la garnison de Mostaganem reconnue trop faible, fut immédiatement renforcée par trois nouvelles compagnies du bataillon d'Afrique ; et l'on put entreprendre avec elles la construction de la redoute Desmichels, poste intermédiaire entre Mostaganem et Mazagran, destiné à assurer la communication entre ces deux points. Ce nouveau travail reçut une impulsion prodigieuse entre les mains de ces vieux soldats rompus à la vie et aux fatigues d'Afrique. Dans quatre jours, un fossé d'un profil remarquable avait été creusé, et le 2 février, les parapets, les terrassements et les bâtiments intérieurs du poste étaient déjà fort avancés, lorsque les Arabes se montrèrent de nouveau à l'horizon. Ils défilèrent pendant cinq heures en pelotons réguliers, et après avoir saccagé, dans notre voisinage, la tribu des Chourfa, qui voulait rester neutre, ils se massèrent le même jour entre Mostaganem et Mazagran.

La redoute Desmichels n'était pas encore susceptible d'abriter convenablement sa garnison, elle fut abandonnée ; mais le fort de Mazagran présentait un état défensif satisfaisant. Le réduit, la mosquée, le corps de garde de la porte sud étaient complétement organisés ; le puits du réduit avait été déblayé, et fournissait une eau excellente (*ce que les Arabes ignoraient*). Le saillant de l'ouest possédait une escarpe terrassée et haute de 4^m00 ; une pièce de canon du calibre de 4 y avait été placée; une autre petite pièce protégeait l'angle sud-est du réduit. Le poste se trouvait entouré de bonnes murailles de tous côtés, hormis dans l'intervalle qui séparait la mosquée du saillant de l'ouest. Le travail des maçonneries sur cette face laissait de larges brèches, et n'offrait qu'un profil de campagne assez faible. L'excavation des fondations du mur d'enceinte y formait seulement un petit fossé, en arrière duquel on avait élevé un mur en pierres sèches de 1^m00 d'épaisseur et 1^m30 de hauteur; ce mur était précédé par des ressauts, ou des pans d'anciennes constructions en contre-bas et abattues en partie, ou enfin par des talus à 45°, coupés dans des terres franches, sur une hauteur de 2 à 3 mètres.

Tels étaient les chétifs obstacles que les Arabes devaient surmonter avant d'arriver aux trois postes fermés. Le capitaine Lelièvre, qui commandait alors, résolut de défendre cette mauvaise enceinte avancée ; le caporal du génie Péquillet fit immédiatement organiser des créneaux pour la fusillade dans les murs en pierres sèches, tandis qu'on barricadait les portes et qu'on achevait avec des sacs à terre le parapet du saillant de l'ouest.

Le 3 février, dès le matin, les Arabes pénétrèrent sans résistance dans la ville abandonnée par les Hadards; ils se glissèrent de maison en maison, de ruine en ruine, jusqu'au pied du fort, et laissant derrière eux des cheminements et des communications bien couvertes contre nos feux, ils parvinrent à s'établir dans une maison (1) encore existante, située à vingt mètres du mur d'enceinte. Cette maison fut crénelée par eux, et forma une place d'armes d'autant plus dangereuse qu'elle se trouvait en face des brèches. Dans les autres parties de la ville, toutes les constructions, toutes les rues, défilées de nos coups, furent transformées en *parallèles* crénelées, et devinrent des fortifications opposées aux nôtres. Le canon du fort ne pouvait

---

(1) Cette maison condamnée à la démolition, à cause de sa proximité de l'enceinte défensive, était occupée provisoirement par un cantinier, avec des provisions de bouche de toute espèce. Les vins et les liqueurs spiritueuses y abondaient; tout resta au pouvoir de l'ennemi, tant l'invasion des Arabes fut subite. La nature des prises attira dans la maison de nombreux combattants, les déserteurs français (sortis la plupart de la légion étrangère), s'y portèrent en foule; ils firent de copieuses libations et s'empressèrent de boire à la santé de leurs anciens camarades qu'ils venaient combattre. La gaieté française se reveille facilement le verre à la main. Aussi, tant que le vin coula, le combat fut souvent interrompu par des propos facétieux; les saillies et les réparties joyeuses des deux côtés répondaient aux coups de fusil, et l'énergie de la défense, comme l'élan de l'attaque, trouvèrent souvent des inspirations vigoureuses dans les plaisanteries provoquées par le vin du cantinier.

rien contre ces travaux ennemis, à cause du commandement considérable que le saillant de l'ouest prend sur toute la ville. Au dehors, chaque pli de terrain, chaque pan de mur, chaque anfractuosité de rochers se hérissa de tirailleurs, et fournit constamment un feu meurtrier sur quiconque se montrait sur les remparts.

La fusillade avait commencé dès le matin : à midi, au moment où la garnison de Mostaganem prenait les armes, deux pièces de canon furent démasquées contre le fort de Mazagran. Cette première apparition de l'artillerie entre les mains des Arabes annonçait de leur part un effort sérieux et une énergie encore inconnue dans leurs attaques.

Leur cavalerie, massée autour de la redoute Desmichels, ne tarda pas à engager un combat fort vif avec les troupes de Mostaganem. Le feu de nos pièces de campagne fit de grands ravages parmi ces groupes épais de cavaliers : ils laissèrent sur le terrain beaucoup de chevaux tués; mais ils restèrent maîtres de leur poste, et nous rentrâmes dans nos murs sans avoir pu nous mettre en communication avec Mazagran.

Sur ce dernier point, le combat ne s'était pas interrompu; quelques groupes ennemis essayèrent de déboucher des ruines de la ville pour emporter les brèches, la mousqueterie suffit pour comprimer ces élans partiels, qui n'étaient pas soutenus.

Le lendemain, 4 février, la mousqueterie et la canonnade continuèrent contre le fort ; plusieurs fois les fantassins ennemis s'élancèrent vers les brèches ; plusieurs fois ils arrivèrent avec résolution au pied de ces brèches, ils furent toujours refoulés par la mousqueterie : aucun ne parvint, ne fut tué sur les murs en pierres sèches ; aucun ne s'approcha des nôtres à une distance égale à la portée de leurs baïonnettes.

Pendant toute cette journée, les Arabes faillirent non d'audace et de courage, mais d'ensemble et de discipline. Aucun chef ne sut les réunir en un seul faisceau, pour leur imprimer une volonté unique ; aussi tous leurs efforts furent décousus, et ne produisirent d'autre résultat que la mort des plus braves d'entre eux ; leurs soldats les plus ardents et les plus intrépides furent tués en agissant isolément, ou en trop petit nombre ; les autres, effrayés et rebutés par une résistance meurtrière, se résignèrent à s'abriter sous des pans de mur, où ils pratiquèrent des créneaux : derrière ces retranchements, observant les nôtres, et faisant feu sur quiconque se découvrait, ils laissèrent dégénérer la lutte en une fusillade dont on pouvait suivre les progrès et l'intensité du haut des tours de Mostaganem. Chose incroyable ! ces hommes presque tous doués d'une grande énergie invidiuelle, restèrent incapables d'un effort collectif qui n'eût été qu'un jeu pour quelques compagnies de grenadiers français ! leur impuissance contre d'aussi frêles obstacles proclame hautement les avantages, la nécessité de l'ordre et de la subordination dans ces grands efforts humains qui emportent les brèches; les multitudes désordonnées par faute d'une direction supérieure, mollissent irrésolues dès l'apparition d'un obstacle imprévu, ou s'entassent par trop d'ardeur dans les défilés qu'elles doivent franchir : dans le premier cas, elles sont facilement dispersées par des soldats aguerris ; dans le second cas elles succombent sans succès dans d'horribles boucheries.

L'indécision, le désordre et la mollesse de l'ennemi, le tumulte bachique qui s'échappait de la maison située au pied des brèches, inspirèrent au lieutenant Magnien l'idée de faire une sortie de nuit sur cette maison pour égorger tout ce qu'elle renfermait : cette tentative, qui aurait probablement obtenu le plus grand succès, ne fut pas exécutée à cause de la faiblesse numérique de la garnison.

Vers le soir, le feu de l'artillerie ennemie était presque éteint ; mais le nombre des assaillants s'était accru : ils se déployèrent en vue de Mostaganem, et montrèrent environ 7 ou 8,000 chevaux. Cette parade donna lieu à une fusillade peu sérieuse que la nuit termina.

Le 5 février, les Arabes, découragés par l'inutilité de leurs premières attaques contre Mazagran, ralentirent leur feu sur ce point : leurs pièces ne tiraient plus ; on les voyait entassés et accroupis les uns contre les autres, paraissant attendre du temps des résultats qu'ils désespéraient d'obtenir par la force. Voulaient-ils affamer la garnison de Mazagran? Ils ignoraient l'existence du puits du réduit; peut-être se flattaient-ils de la réduire par la disette d'eau en la privant des fontaines qui arrosent la partie inférieure de la ville? Peut-être enfin (et l'évément le prouva), espéraient-ils attirer en rase campagne la garnison de Mostaganem, et l'accabler de leur supériorité numérique, comme dans la journée du 13 décembre : tels étaient certainement leurs desseins. Toutefois, leur ténacité et leur constance insolites dans l'attaque durent être prises en considération.

Le conseil de défense fut convoqué à Mostaganem, et consulté pour savoir s'il était opportun de faire une trouée au milieu des forces ennemies pour pénétrer jusqu'à Mazagran et en ramener les défenseurs avec le drapeau français.

Ce poste possédait des vivres pour un mois, une eau excellente et abondante dans le puits du réduit, 175,000 cartouches et 400 coups pour chaque pièce : ces moyens bien ménagés suffisaient pour fournir une résistance de quinze jours, et l'expérience attestait qu'un rassemblement considérable d'Arabes n'avait jamais pu subsister sur un même point, au delà de cinq jours.

On craignait que le canon ennemi ne fît brèche aux murs du réduit et des autres postes fermés; le chef du génie fit observer que ce canon n'excédait pas le calibre de 4 ou de 6, qu'il tirait à 600 mètres de distance, et que dès lors, il ne pouvait faire que des trous isolés et non des brèches praticables. L'artillerie arabe aurait pu inspirer des craintes sérieuses, si elle eût été dirigée contre la face sud du réduit, où était le centre de la défense; cette face, de construction bédouine, présentait peu d'épaisseur et de solidité; en outre, un pli de terrain existant dans le plateau supérieur, permettait d'en approcher jusqu'à 200 mètres avec sécurité. Mais Ben-Thami, aussi ignorant dans l'art de reconnaître les points faibles d'une place, que ses artilleurs étaient peu habiles, établit ses pièces sur le seul front où elles pouvaient être contre-battues par les nôtres; et les pointa contre le saillant de l'ouest et la mosquée, dont les escarpes avaient une épaisseur à l'épreuve: des dispositions aussi fausses nous apprenaient combien peu il fallait se préoccuper des effets du canon de l'assiégeant. Enfin, on devait regarder les trois postes fermés comme imprenables de vive force par l'ennemi; celui-ci pouvait à la vérité emporter l'enceinte extérieure, mais il lui était impossible de s'y maintenir, tant que les nôtres occuperaient seulement le réduit.

Ces données prouvaient jusqu'à l'évidence que l'inaction des Arabes était un indice de leur lassitude, un aveu de leur faiblesse, pour mettre le comble à leur abattement, à leur démoralisation et pour les forcer à la retraite, le colonel Dubarail, commandant supérieur, résolut de faire une diversion en faveur de Mazagran et de tenter un effort sérieux, mais dans les limites du canon de la place.

En conséquence, toute la garnison prit les armes, nos cavaliers furent démontés afin d'augmenter le nombre des combattants à pied ; tout ce qui était valide, soldats et habitants européens, se rendit à son poste; on put ainsi mettre en ligne 800 baïonnettes ; les indigènes, Turcs ou douairs, ne prirent point place dans nos rangs : ils étaient terrifiés. Au moment où nos troupes marchaient au combat, le bruit se répand qu'on doit pénétrer jusqu'à Mazagran; aussitôt, le hakem, le muphti et tous les notables de la population musulmane accourent auprès du commandant supérieur, le suppliant de ne pas se jeter dans une pareille entreprise : « Vous « trouverez devant vous, s'écrient-ils, les Arabes « de *tout le pays*; et vous périrez avec tous vos « soldats. » Le colonel Dubarail les rassura, en leur disant qu'ils pouvaient rester derrière l'abri de nos murailles, où nous saurions toujours les défendre ; et, que bientôt ils reconnaîtraient combien ils jugeaient mal les Français. On était déjà aux prises avec l'ennemi.

Notre ligne appuyait sa droite à la redoute de la Marine, sa gauche à une maison crénelée, flanquées l'une et l'autre par le canon de la place ; son centre laissait devant lui un terrain tout hérissé de rochers, de broussailles, de cimetières et de ravins.

Dès notre apparition, les Arabes avaient couru

à leurs chevaux avec des résolutions énergiques; ils attendaient impatiemment notre sortie; leur diligence et leur ardeur à se porter contre nous furent extrêmes. Comme on l'avait prévu, toutes les forces ennemies débouchèrent d'abord sur notre centre, en s'y amoncelant et se déployant ensuite pour envelopper nos ailes : cette manœuvre exécutée, l'action fut promptement engagée partout ; la fusillade s'alluma sur tout le front, avec une rapidité et une vivacité égales des deux côtés. On s'aborda sans hésitation, et nos canons tirèrent bientôt sur des masses. Une épaisse muraille de cavaliers se dressa devant nos rangs, se renforçant sans cesse; notre infériorité numérique ne nous laissait pas l'espoir d'y faire une trouée avec succès: tel n'était pas notre but ; mais nos tirailleurs favorisés par le terrain et par les obstacles qui les couvraient, donnaient la mort, sans la recevoir. Les Arabes, en s'obstinant à marcher sur eux à travers des rochers, des ravins et des broussailles, éprouvaient de grandes pertes et se trouvaient constamment refoulés sous des flots de balles et de boulets. Ce genre de combat nous était trop avantageux pour ne pas le prolonger le plus longtemps possible. On s'acharna donc à ne pas reculer malgré les forces menaçantes qui se groupaient devant nous, et l'engagement fut soutenu jusqu'à la nuit, avec la plus vive opiniâtreté de part et d'autre. Enfin, l'approche des ténèbres nous obligeant à rentrer dans nos murs, la sonnerie de notre retraite devint pour les Arabes le signal de leur plus grand effort. Soudain, ces immenses tourbillons de cavaliers qui s'agitaient autour de nous, se condensent concentriquement en ligne serrée et profonde; leur feu se presse, redouble; un mugissement rauque et sauvage gronde en se propageant au milieu d'eux ; et toute cette cavalerie s'élance comme un seul homme, avec une simultanéité d'action, une impétuosité spontanées et rapides comme la pensée. En un clin d'œil, ravins, haies, cimetières, obstacles quelconques, tout fut franchi sous le feu le plus meurtrier. Les éclairs et les roulements du canon, le sifflement d'un vent glacial et impétueux mêlé à celui des balles, le fracas des vagues soulevées qui se brisaient avec fureur sur le rivage peu éloigné, le frémissement des chevaux dominé par celui des hommes, le hourra tumultueux et formidable de 8,000 Arabes ; l'aplomb et le calme imposant de 800 Français, au-dessus de cette scène, un soleil couchant tout en feu, projetant sur elle, comme un volcan en éruption, une lumière sombre et rougeâtre, toutes ces choses imprimaient à ce moment une gravité et un intérêt qu'on ne saurait peindre.

Notre droite était composée de trois faibles compagnies; emportée par son ardeur, elle avait jeté ses tirailleurs en avant de la redoute de la Marine; après une valeureuse résistance, elle fut coupée par l'ouragan ennemi, et acculée aux fossés de cette redoute dans lesquels elle se refugia : les Arabes la poussèrent jusque sur la contre-escarpe, où plusieurs d'entre eux furent abattus.

A notre centre, où se trouvaient les cavaliers combattant à pied, et le bataillon du 15ᵉ léger en carré, ce choc fut reçu avec intrépidité; les Arabes s'y heurtèrent à nos baïonnettes, et s'arrêtèrent devant le feu et l'impassibilité de nos soldats.

A notre gauche, deux pièces de campagne, masquées et protégées par nos tirailleurs, causèrent de grands ravages parmi les ennemis; plusieurs coups à mitraille et à brûle-pourpoint, une fusillade très rapprochée fournie par deux compagnies d'infanterie et une section de sapeurs du génie, firent dans ces essaims de cavaliers de larges brèches, toujours promptement réparées.

Au centre et à la gauche, l'action devint acharnée, et le combat presque corps à corps. Nos troupes se replièrent lentement, avec ordre jusqu'à la porte de la ville. Les Arabes ne s'arrêtèrent que là ; et après avoir essuyé le feu de vingt-deux pièces de position, qui du haut des remparts de la place les foudroyaient à la fois. Ce moment d'élan et de vigueur, au mépris des obstacles et des moyens de destruction accumulés contre eux, reçut un châtiment terrible ; leurs pertes furent énormes relativement aux nôtres ; ils employèrent toute la nuit à ramasser et emporter leurs morts ; 64 chevaux tués sur place, de longues traces de sang et de nombreux débris humains attestèrent, le lendemain, combien ils avaient souffert dans les combats soutenus par les troupes de Mostaganem: celles-ci ne comptèrent que quelques morts et environ quarante blessés; elles ne laissèrent aucune tête, aucun trophée au pouvoir de l'ennemi.

Après ce combat, les Arabes mesurant les vides faits dans leurs rangs, furent si découragés qu'ils voulaient se retirer sans délai; on apprit plus tard, que les califats Ben-Thami et Ben-Arach avaient éprouvé les plus grandes difficultés pour les contenir sous leurs drapeaux pendant le reste de la nuit.

Le 6 février, dès le matin, l'ennemi ne tirait plus; il ne montrait que quelques rares cavaliers sur les crêtes des collines et dans la plaine inférieure : tout annonçait une retraite prochaine, lorsque la fusillade se ranima subitement à Mazagran. Ben-Thami désespéré de l'affront essuyé la veille devant Mostaganem, avait voulu tenter un dernier effort contre Mazagran. Il poussa une colonne d'infanterie sur le saillant de l'ouest, avec ordre de tenter l'escalade. Cette colonne arrive au pied de la muraille, à couvert et dans le plus grand silence; la sentinelle française placée sur ce point, ne reconnut la présence de l'ennemi, qu'en voyant une matière en ignition parmi les sacs à terre qui couronnaient le parapet, et une main d'homme qui s'agitait pour les arracher. Elle fit appel aux armes; toute la garnison accourut, et l'ennemi se sauva accablé sous une grêle de balles, de pierres et de grenades. Cet assaut dura peu de temps; les

Arabes s'enfuirent honteusement, laissant au pied du mur quelques solives informes, uniques échelles dont ils se fussent servis pour ce coup de main. Cet épisode a été peint par M. Philippoteaux dans le tableau remarquable qu'on a vu à l'exposition de 1842.

Après ce dernier échec, Ben-Thami donna immédiatement le signal de la retraite, et la garnison de Mazagran vit déboucher, du milieu des vergers et des ruines du plateau supérieur, une immense population arabe, assemblée pour se partager les dépouilles de Mazagran et de Mostaganem, qu'on lui avait promises; elle défila, précédée par un nombreux convoi de morts, et s'écoula silencieusement vers les plaines de l'Habra. A midi, le plateau supérieur était libre, et nous pûmes serrer la main avec les défenseurs de Mazagran, qui comptaient un homme tué et dix-sept blessés.

Le canon amené par l'ennemi était du calibre de 3 et de 4. Il avait tiré environ 200 coups à 600 mètres de distance; quarante coups étaient tombés isolément dans le fort; et un seul d'entre eux avait percé d'outre en outre le parapet qui surmontait la terrasse de la mosquée; mais nulle part, le canon n'avait fait brèche, de sorte qu'il n'avait réellement produit que du bruit.

Les Arabes avaient mis en ligne devant Mostaganem, environ 8,000 cavaliers; la garnison de Mazagran estimait à 4,000 le nombre des fantassins qui s'étaient logés dans les ruines de la ville, et avaient assiégé le fort pendant quatre jours.

Tel fut ce brillant épisode de la guerre d'Afrique, où se trouvaient réunis tous les combattants de quatre-vingt-deux tribus de l'ouest, sans compter les réguliers de Ben-Arach et de Ben-Thami; il constitue le plus vaste effort offensif produit par les Arabes pendant toute cette guerre; ils y retrouvèrent cette énergie et cet élan que la célèbre journée de la Macta, en 1835, nous avait appris à connaître. Cette attaque fut le terme de leur période agressive : leur enthousiasme s'y brisa. Depuis lors, ils ont été réduits à se défendre, et n'ont plus tenté que des razzias impuissantes pour arrêter nos progrès. Nos travaux de défense à Mazagran ne furent plus inquiétés et s'accomplirent sans obstacles. Plus tard, lorsque nous avons repris l'offensive, notre supériorité a été bien établie et avouée par l'ennemi ; il a fui constamment devant nous.

Nos alliés indigènes retrempèrent, dans cette victoire, leur fidélité chancelante et fortement ébranlée par les émissaires de l'émir. Les préparatifs et le nombre des assaillants les avaient tellement effrayés, qu'ils ne croyaient pas à une résistance possible; ils ne purent que rester neutres et tremblants. En se voyant délivrés, ils conçurent la plus haute opinion de nos armes, et depuis lors le prestige qui s'attachait au nom d'Abd-el-Kader s'est de plus en plus effacé à leurs yeux.

Cet heureux événement fut salué avec acclamation par l'Algérie et par la France entière ; il excita la verve de nos poëtes, le patriotisme de nos théâtres, et les applaudissements de nos Députés; l'enthousiasme public l'exalta jusqu'à des proportions fabuleuses; aujourd'hui les journaux anglais le font déchoir jusqu'à un mensonge ridicule. L'histoire devait seule répondre à nos détracteurs d'outre-mer. Le lecteur connaît toute la vérité ; il jugera.

Imprimerie de Cosse et G -Laguionie, rue Christine, 2.

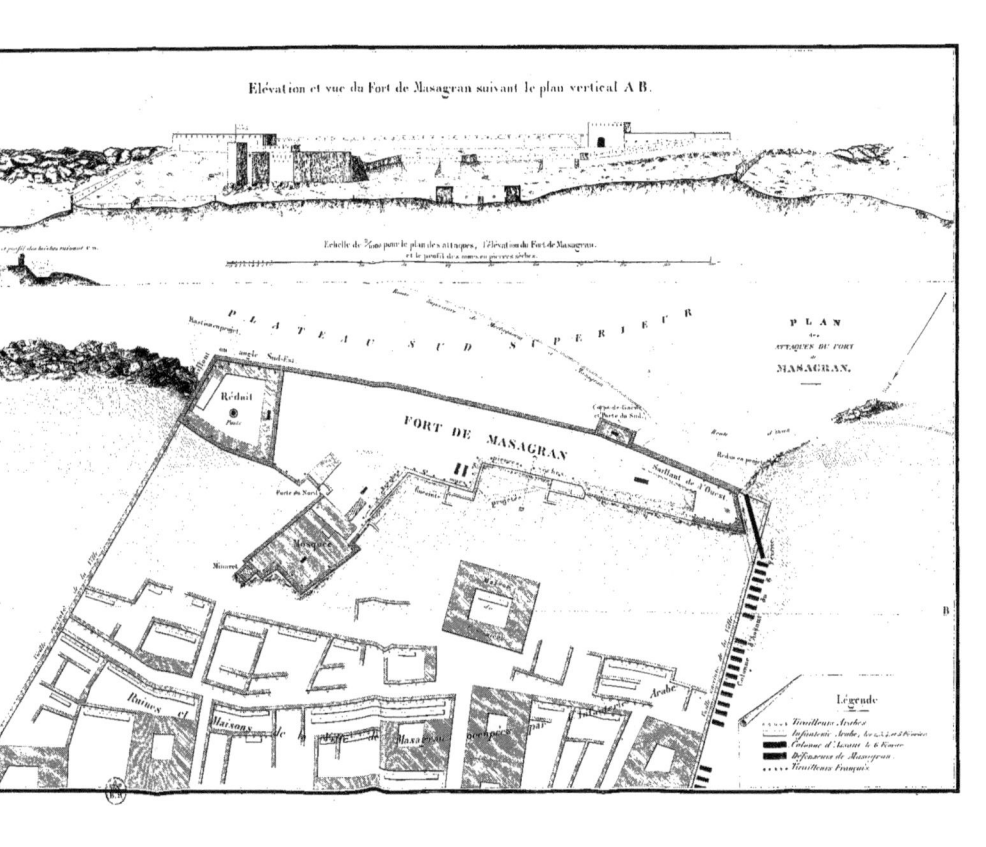

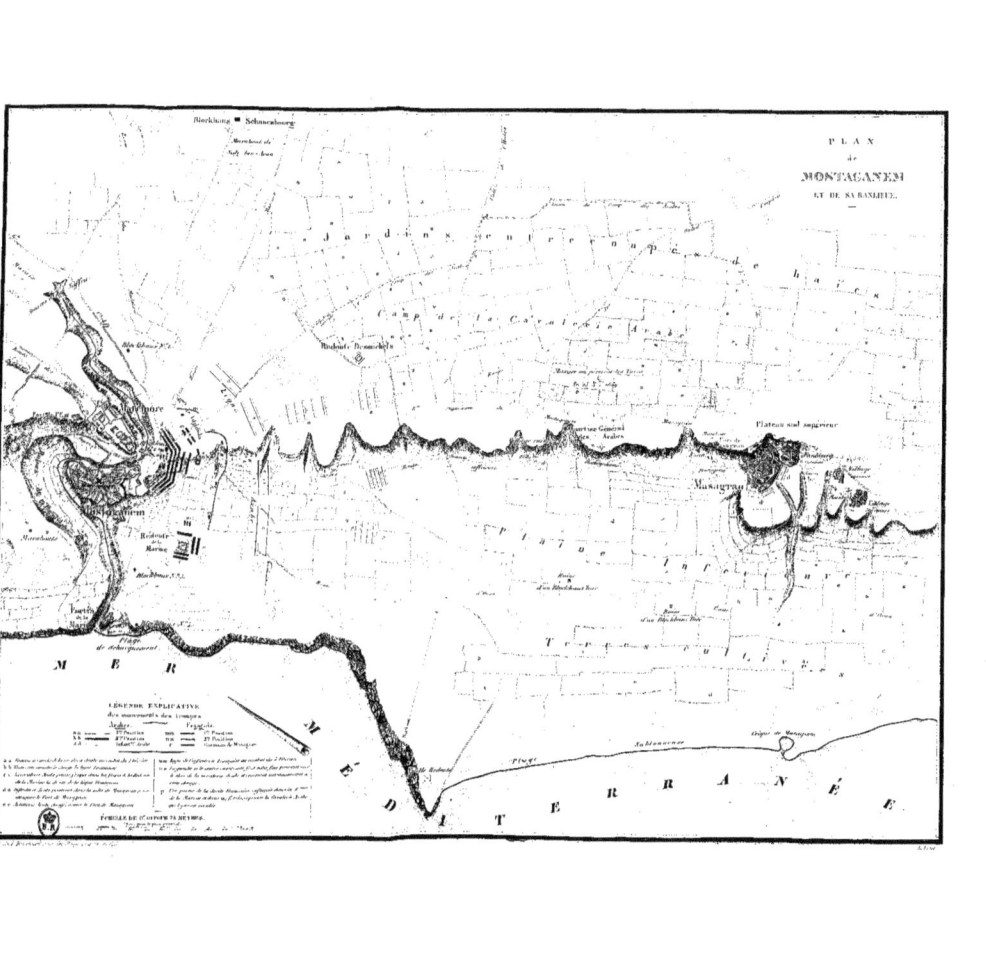

www.ingramcontent.com/pod-product-compliance
Lightning Source LLC
Chambersburg PA
CBHW061002050426
42453CB00009B/1223